RETIRE

Supprimé marginalement
Juillet 1994

D0617685

MACM/MÉDIATHÈQUE

MMAC A 000001125

MUSÉE D'ART CONTEMPORAIN
DE MONTRÉAL
MÉDIATHEQUE   1 6 AOUT 1994

LE SAUT DE L'ANGE

DENISE DESAUTELS

LE SAUT DE L'ANGE

autour de quelques objets de
Martha Townsend

LE NOROÎT

L'ARBRE À PAROLES

Données de catalogage avant publication (Canada)

Desautels, Denise, 1945-
Le saut de l'ange
Poèmes.
ISBN 2-89018-255-X
I. Titre.

PS8557.E727.S28 1992   C841'.54   C92-097292-6
PS9557.E727.S28 1992
PQ3919.2.D47S28 1992

«Le Noroît souffle où il veut», en partie grâce aux subventions du ministère des Affaires culturelles du Québec et du Conseil des Arts du Canada.

Dépot légal: 4ᵉ trimestre 1992
Bibliothèque Nationale du Québec

ISBN 2-89018-255-X

Tous droits réservés
© Éditions du Noroît 1992
© L'arbre à paroles 1992

DISTRIBUTION EN LIBRAIRIE:

Diffusion Prologue inc.
1650, boul. Lionel-Bertrand
Boisbriand, Québec
J7E 4H4

IMPRIMÉ AU CANADA

Je m'accroupis d'inquiétude
des cendres sur mes cheveux aux rituels
je refais des contours serrés
en cherchant la sensation nouvelle
le langage la parole le son des autres

Hugues Corriveau

The cat sits on the ledge inside the window
and watches me returning through the dusk.

Cioran O'Driscoll

À Martha Townsend,

pour sa voix, ses objets d'art
et sa complicité devant la fiction.

LA SPLENDEUR DES OBJETS

Voici l'Irlande. Voici une île occupée par le brouillard de la mer, de l'océan. Son histoire, raconte Martha, s'engouffre dans des images. On dirait des cercles flous, car le déchirement et l'abandon en tournant se confondent avec l'exil. Ses espoirs, tenus à l'écart du présent, longtemps raidis par leur obstination, se sont repliés sur eux-mêmes.

Le visage braqué sur la fragilité du monde, je ne sais ni où s'achève ma détresse ni où commence mon désir. J'essaie seulement d'imaginer, à partir de quelques «formes parfaites» et de l'Irlande, un nouvel usage du souvenir qui, avançant parmi les choses vraies, malentendus et menaces diverses, affinerait nos regards, nos pensées, et ferait vibrer l'espace de cette fin de siècle.

L'inquiétude condensée dans l'objet d'art donne parfois du sens à la beauté.

MARTHA

À la radio, une voix, celle de Martha. La souche irlandaise la traverse comme les îles, les radeaux, les coffres, les départs et les tombeaux. Dans le grain de la voix, une invitation obstinée, de vastes espaces entre les sons où placer les objets nomades. Nous voyageons, dit Martha, nous essayons vainement d'échapper au temps, à la répétition de la tristesse, de la fatigue, jour après jour. Une douleur, somme toute assez banale, revient sans cesse on ne sait d'où, nous distrait, nous étonne, se blottissant chaque fois au fond de notre corps silencieux.

Dans l'histoire vraie, dit-elle encore, les enfants irlandais quittent l'Irlande et débarquent en Amérique, là où les îles sont des continents, là où les regards, chargés d'évidences, se déploient insolents, puis se perdent.

Exubérante, la voix impose ses départs comme de minuscules fins du monde et détonne à côté de l'espoir; cependant elle sourit.

Étranges, inattendus, dit Martha, voici une sphère, des miroirs, du bois de pin en forme de radeau ou de coffre, des cheveux de soie noire, des velours et des cuirs, de la lumière, des parfums, des mots. Les objets rassemblés ici attendent la main ou tendent vers elle, abondants et provisoires, en noir, en vert et en mauve, organisés dans ce lieu choisi autrement que dans la vie.

Sur fond de silence, Martha a le sentiment que la tendresse est à sa portée; elle rêve d'un corps qui referait surface devant ce nouvel aménagement du paysage, avec l'envie d'y entrer. De se joindre à elle.

Sur les débris du monde, Martha a déposé une architecture fragile dans laquelle s'entremêlent, presque naturellement, fibres, miroirs, temps, désirs, nostalgies.

Au quotidien, des gestes simples, encore inarticulés, nous isolent les uns des autres et nous effraient. Notre corps se tourmente sous leur poids. On sent une oppression au creux de l'épaule, une détresse oh! si légère, pleine d'abandons — viendraient-ils de l'enfance? La tête penche, va vers les souvenirs, cherche les mots anciens, réactivés par l'histoire d'une vie, qu'elle comprendrait enfin, s'épuise à inventer un jardin où ils fleuriraient. Parfois une étreinte, la nôtre, nous tient éveillés, nous fait mal jusqu'au bout de la nuit.

Or, ici, le paysage s'ouvre, généreux et momentané; la matière vivante prend des risques, ruse avec elle-même, en quelque sorte se rattrape. Son inquiétude a des reflets changeants qui aggravent, à chaque avancée de la main, à la fois le leurre et la splendeur de la soie noire, du laiton ou du bois de pin.

Même dans le noir, poursuit Martha, l'objet austère, enrobé de fibres et d'émotions, refermé sur lui-même, se tient là, vibrant, guettant le geste qui le frôlera.

Sa patience ressemble à la nôtre, quoique plus vaste que la nôtre et moins désespérée parce que soutenue par une passion.

Dehors, on voit l'isolement, on ne sait plus où aller; on se croit obligé de se protéger contre les effets nocifs des changements de saisons, de continuer à vivre jusqu'au prochain hurlement, à piétiner comme si de rien n'était. Il pourrait neiger pendant des jours. Le paysage deviendrait d'un blanc si humain qu'on le perdrait de vue.

Martha aurait envie que l'intelligence de l'histoire pénètre partout, qu'on la voie s'immiscer dans les choses, se répandre sous la peau comme une odeur. Elle bousculerait la frivolité des paysages, relancerait la beauté là où elle se cache, comblerait le manque des pensées,

avant que la langue elle-même, car il lui faut du temps et de l'assurance, en soit éblouie.

Je voudrais me déplacer, quitter un lieu pour un autre, dépayser mes habitudes de mémoire et laisser derrière moi un monde apaisé. Vivre avec souplesse dans la légèreté que donne parfois l'espoir.

Mais, sur un quai déjà loin, j'imagine chaque fois une main en suspens au bord des lèvres ou de l'abîme, une main aveugle, abandonnée à ce qu'on appellerait bonheur, simplement parce que c'est derrière soi: quelques images inquiètes, quelques patientes stratégies du souvenir.

Je voudrais dépouiller les mots de leur mélancolie, les obliger à rester près du bourdonnement des choses, les voir se débattre avec les âmes humaines: leur intimité forcément obscène, leur cruauté et leur repentir.

À la radio, Martha murmure: *disparate* ou *déses-péré*. Elle aurait pu dire: *joie*; recouvrir d'un souffle, d'une *joie*, mes petits os frileux.

Peut-être cela aurait-il suffi à ralentir, le temps d'un mot, raie délicate exposée à l'oubli, mon urgent besoin de consolation.

Martha s'arrête après *désespéré*, comme si la pause, le mutisme alentour, attendait le retour, l'éternité de l'espoir.

Parfois je nous imagine, séparés l'un de l'autre, sans urgence et sans frayeur, excusés d'avance de remuer les pieds au-dessus du malheur puisque, dit-on, tout est équitable, tout se vaut et se dissout dans l'émotion universelle. Je ne m'étonne alors ni de la mort sur ton visage ni de ma chute dans le vide, allégrement portée vers ce qui persiste de nous dans ces objets, soulagés du monde.

Martha les aura arrachés au naufrage.

Je me souviens d'un quai déjà loin, d'une main tendue devant la mer, ouverte comme la mienne s'avançant vers toi certaines nuits, du silence des grands départs, de la splendeur sans importance des corps et des continents, juste avant l'abandon.

Quelquefois nos douceurs s'en vont, s'éloignent les unes des autres. On dirait des oiseaux dont c'est le dernier vol, et qui le savent. Mais ils restent muets, car leur solitude va trop vite. Ils n'ont déjà plus de langue.

Après la scène d'adieux, la pensée se durcit. Le temps en elle se rompt. Le deuil commence là, dans la fragmentation et l'éparpillement des tendresses, sans aucune réparation à venir. Il aurait fallu s'entourer de précautions, se méfier de la diffraction de la lumière sur des ferveurs dérivées de l'enfance.

Après, le rêve même fait défaut. On s'arrange tant bien que mal avec l'ironie du souvenir comme ultime fantaisie. Les belles certitudes brûlent au loin. Après, on comprend mieux pourquoi le ciel a consenti un jour à s'en aller, comment se forment les amas de cendres au fond des jardins. On bouge au ras du sol, les ailes brisées.

Dans la voix de Martha, l'Irlande n'a plus d'enfants. Elle n'a que leur absence. Un désert parsemé de pierres tombales, petites forteresses imprenables. Les images de la scène finale repassent le long d'un quai, rejouent les mêmes gestes: la dernière étreinte, l'arrachement, puis le cri. Nous ressemblons à l'Irlande. Toujours, le poids des obsessions et des rêves qui ne sont plus possibles embarrasse notre mémoire.

Nous vieillissons — nos enfants vieilliront eux aussi — sur une terre à peu près étrangère. Les jours passant, un brouillard assourdit les bruits de l'enfance, les déroute. Nous vieillissons avec un visage, un nom et quelque obsédant murmure. Une maison se défait avec lenteur, avec son âme au-dedans, et son effritement gêne le passage de la lumière.

La mort ne nous surprend plus. Elle se poursuit de siècle en siècle, incommunicable pourtant. On ne voit qu'un ciel infiniment gris. Le monde continue de durer, comme assis à côté des choses vraies. Peut-être aurait-il fallu déplacer notre regard chaque fois que la mort recommençait devant lui, en réaffirmer l'intention chaque fois qu'il s'abandonnait devant elle.

Peut-être aurait-il fallu désirer ardemment voir.

Dans un lieu clos, Martha expose de petites et de grosses sphères — des «formes parfaites», dit-elle — retenues au mur par une gaine de cuir ou posées par terre, immobiles, avec du vide alentour.

Les lignes de ma main n'offrent aucune issue; parfois le sang n'y circule pas avec aisance, parfois ma main est un corps étranger qui se presse contre moi, forcée au retrait ou à la violence, malgré elle.

Un miroir tombe puis se casse, comme si la terre s'était mise à vaciller. C'est le désarroi habituel. Les drames intimes, les larmes de ma mère, les visages et les tombeaux enfouis dans un cimetière sur la montagne, les grands événements du monde qui se rendent jusqu'ici, ma peur, tout se confond, s'abîme en se confondant. J'entre dans mon histoire avec indifférence.

Ma main aura cédé devant tant d'exactitude et se sera retirée, malgré elle, devant un miroir trop sûr.

Vois, j'ai le projet de résister: je m'adosse au souvenir mais, c'est inévitable, je me retourne chaque fois pour le surprendre, y déceler à nouveau mon image vivante — j'y étais, j'y suis encore —, je résiste à rebours, butant chaque fois contre une mort familière. On dirait un coffre dans lequel sont entassées des blessures qui n'auront jamais plus rien de réel, si ce n'est le visage de la douleur et les limites qu'elles imposent d'avance à chaque désir.

Écoute, il n'y a plus de *Youkali* dans la musique de Kurt Weil, plus de rêves qui nous feraient survivre dans l'à peu près de la vie, dans l'attente d'autre chose. Les mots ont fui malgré l'incantation. Il n'y a plus rien de solide à quoi nous raccrocher. Seules les ruines résistent encore, dirait Martha. On les déjoue subtilement, on leur propose un horizon, du sens, plus de dépouillement. On ajuste l'air et la lumière pour la vie qui revient, par bribes, dans un geste lancé vers des cheveux de soie noire.

La nuit se ferait pressante, on préparerait son corps au tremblement à venir.

Au moment où l'Irlande expose sa «peine culturelle», Martha me convoque, avec l'espoir de me sortir indemne de la pitié qui entache les gestes humains. Elle épure ses formes jusqu'à l'excès pour échapper aux ruses de l'émotion, pour alléger le souvenir.

Souriant, comme si seuls l'ennui et la morosité étaient pathétiques, elle déplace la gravité du monde, la pose tel un bonheur sombre au cœur de quelque sphère splendide.

Martha recrée autrement l'immobilité, l'exil, puis le deuil: elle plante ses bulbes rares au milieu du désert. Les jeux insolites la rassurent. Il s'agit, croit-elle, d'une manière de vivre, de penser la suite des jours en dehors de la tristesse et de ses conséquences.

L'avenir se dérobe derrière le mot nostalgie.

J'ai l'impression d'exister, cependant je parle de l'audace de vivre comme si elle m'avait été retirée. Vivace, hors de moi. Par moments je n'éprouve plus que de la mémoire; ma vie tourne autour de quelques deuils qui attrapent la langue au passage, la referment sur elle-même et l'entraînent dans un vaste tourbillon. Plus tard les mots, syllabe après syllabe, tomberont. On les verra s'enliser dans le temps mort de la langue.

Voici que je m'habitue à cette absence de fenêtres près du cœur.

La voix monte à nouveau: ne plus abandonner son âme sur un quai, au ciel gris fer d'une fin d'automne.

Martha croit que le destin des âmes est d'avancer sous ce ciel gris fer, de quitter un lieu pour un autre sans se quitter elles-mêmes, ou de corriger l'angle gris fer du ciel, puis de s'en écarter doucement.

Le destin des âmes croise parfois celui des fleuves.

Arraché à la mémoire, placé ailleurs et autrement, le tombeau, croit-elle encore, est une des formes de l'espoir. Une île, avec de la lumière autour.

Martha se place devant le tombeau. Est-ce un deuil de mai ou de novembre, le mot *fin*, l'immobilité du souvenir?

Elle bouge. Est-ce la mise en mouvement de la mort, «le regard à côté», dévié?

Soudain une lueur retient les mots au bord du gouffre. Martha s'attarde sur ce qui vient après: l'utopie de l'après. Le deuil a déjà eu lieu, elle le sait, la phrase en conserve la trace. Elle l'a vue s'ouvrir, prête à être bousculée par les circonstances, par le malaise du désir devant le tombeau. Des éclats de pensée sont apparus dans le texte. Elle y a inscrit le corps avant qu'il ne se disperse. La lumière pouvait enfin se fixer.

L'humanité se retourne comme un gant. Chaque jour des millions de paupières s'abaissent jusqu'à la peine; chaque jour nos bontés s'obscurcissent. Nous avions l'intention de rester là, secourables, de nous installer dans la douleur des autres. Mais l'histoire collectionne des événements inachevés: les consolations et les oublis.

La voix de Martha vient se loger dans la mienne, l'exaspère, et pourtant la force à s'exalter.

J'entends *Island*. J'imagine sa forme parfaite, rectangulaire, isolée du reste du monde et visible de partout. Rassemblés devant elle, des sens, des points de vue. Soudain on dirait que l'aveuglement se partage. Il n'y a plus aucune étrangeté dans le désenchantement ni dans son évocation. C'est un fruit amer dont le goût persiste, intact depuis l'enfance, et auquel on ne se refuse pas. On a le corps vulnérable, on n'y peut rien, mais on apprend à renoncer à la répétition des murmures, aux derniers froissements des doigts, à la désolation des visages sur un quai. On ne retarde plus le trajet de la nuit ni celui des étoiles.

Les yeux grands ouverts, on se penche vers ce qui existe: tant d'œuvres, tant de langues justement. Des échappées de lumière. L'histoire risque le tout pour le tout: elle s'ouvre, devient passage. On reçoit et transmet des éclaircies.

La citation appartient à tout le monde; dans l'urgence, elle transforme les murmures du souvenir en actes de résistance.

À la radio, il n'y a qu'une modulation sans visage, et je ne suis qu'une oreille portée tantôt par l'impatience tantôt par la lenteur qui la rythment en secret. Martha vient vers moi. Ensemble, nous irons vers le même champ d'absences, de cruautés, de désirs, de doutes; nous consulterons nos reliques empilées dans un coffre comme des cartes du ciel.

Dans la voix de Martha, l'Irlande est un aveu d'enfance, mais c'est aussi un nom commun, comme la sphère, les paysages ou la mélancolie.

Au fond de moi, beaucoup de petits scandales éclatent, saisis par autant de vertiges: aimer, être aimée, se fondre dans le décor, mettre son âme à nu de temps en temps, parler de cendre et de poussière, buter contre les rugissements du monde, mentir un peu, puis se retirer, ironiquement presque, sur la pointe des pieds.

Quelquefois dans le silence, mon corps avoue sa peine anonyme et sans paroles.

À la radio, Martha est une voix d'ange qui ne mesure pas la longueur de ses mots ni leur poids. Elle fait de l'ombre sur l'oreille, confond l'enjeu et la fiction, l'histoire et l'intimité.

Or, mon corps distrait par le départ des enfants irlandais se couvre de tremblements dès qu'il s'abandonne à cette histoire comme à une histoire d'amour. Mon corps ému, à l'abri sous cette émotion qui vient de loin — son vif écho a tant d'attraits —, tente de s'accrocher aux vibrations si rassurantes de cette douleur-là.

Plus tard, à cause de la fatigue ou de l'usure de la peine, je m'occuperai ailleurs. Des bruits continueront de monter en moi, mais je les accentuerai à un point tel qu'ils ne se ressembleront plus. Échos négligents d'une douleur qui s'en va.

Mon corps replié renforce son repli. «Lorsque l'enfant était enfant», la voix qui venait de la radio descendait du ciel.

Le mystère, à portée de ma main, accélérait les battements du monde. J'étais un corps isolé en lui-même, pénétré par quelques sons. J'aurais pu dire que la voix des anges était rose mais, tard certains soirs et d'une manière imperceptible, elle passait au pourpre. À ces moments-là — était-ce à cause de son rythme continu ou de l'empire des sons dans le silence? —, j'étais effrayée.

Les sons, comme s'ils avaient longtemps cherché le vrai point de douleur, s'imprimaient d'abord sur ma nuque avant de se répandre ailleurs.

Les sons pourpres s'étendaient partout et deve-
naient un tissu sombre dont on me recouvrait et
qui m'étouffait. Les draps trop blancs, les ombres
qui couraient sur les murs avant de se retrouver
mêlées à mes rêves, le bruit des sirènes, les lents
dimanches, les cimetières — ces lieux désertés par
tout le monde, sauf par nous, ma mère et moi —,
le chaos vers lequel nous avancions et dont elle
parlait avec effroi, l'avenir, tout s'embrouillait.

La voix pourpre était un linceul.

LE SAUT DE L'ANGE

Dans mes premiers rêves, un ange venait vers moi, avec une insoutenable douceur, la tête légèrement inclinée, les lèvres souriantes, sa main gauche tendue vers la mienne; puis il s'immobilisait à quelques pas de moi, tenait la pose jusqu'à la fin du rêve, guettant une audace, quelque compromission de ma part qui aurait trompé son attente.

Au fil des ans et de nuit en nuit, sa couleur pâlit, sa forme finit par s'effacer. Un jour la scène devint noire.

Aujourd'hui j'entre dans mes rêves, sans aucune protection contre les mots qui aboient dans le sommeil et s'imposent avec une implacable clarté.

La voix litanique confirme le souvenir. «Lorsque l'enfant était enfant», il suffisait de presque rien: un radeau, un coffre, un livre, une bibliothèque. Le monde captait la lumière, puis la retenait. Un certain temps. C'est là, dans une de ces clartés où la vie se manifeste comme digne d'étonnement, que pour la première fois le signe apparut autrement. Non plus geste mais signal. Alerte même.

Dans les livres, couvait une attente, disait ma mère, le monde entier avec ses tombes, ses heurts, ses claquements, ses rêves, ses habiletés de toutes sortes à régler l'avenir. Elle ajoutait les mots *solitude* et *patience*, comme s'ils camouflaient des événements naturels capables de provoquer la vie.

Je me découvrais proche de la solitude. J'avais envie de vertiges, de cette part encore intacte, pour moi, du monde, de ce lieu où, au beau milieu d'une phrase, l'émotion se condense. Nous perdons alors le confort d'exister; le moindre geste et le moindre son deviennent méconnaissables, prétextes simplement, servant de point d'appui au corps et à la voix déjà menacés par l'attrait autant que par l'oppression du désir.

Sans évidence ni certitude.

Mais la mémoire étant une sangsue ardente, grouillante et clandestine, les deuils de ma mère ont resurgi sans qu'elle n'y pût rien. Les mots familiers, déjà couverts d'ombres, ont été relégués dans leur insuffisance et sont devenus des pierres. Je me suis mise à tourner en rond autour d'eux, entraînée dans le mouvement de la terre, dans le cycle des saisons, dans la répétition si exacte de la peur, avant de m'effondrer avec elle, une dernière fois.

Puis j'ai cherché, à partir de quelques livres et de quelques intuitions, à tout recommencer.

Où allons-nous avec ces pierres au fond de l'âme alors que nous cherchons à recommencer le monde? L'espoir est lourd de conséquences; certains jours il se déploie inutilement devant le paysage.

Tant de langues insolites s'entassent dans le silence des coffres et des livres. On entend leur dialogue au dehors quand rien ne bouge, ou plutôt on entend le dialogue qu'elles installent en nous.

On a alors envie de se souvenir de la curiosité sournoise de l'enfance, de l'attirer vers soi, malgré elle. On ouvre de nouveau un livre pour la première fois.

Il n'y a que des voix dans la bibliothèque de Berlin quand les anges passent, que des voix alertées par leur contact intime avec la connaissance, alors que les corps s'oublient sur des chaises et des tables.

Suis-je ailleurs lorsque j'entre dans un livre?

Enfant, j'ai appris plusieurs textes par cœur sans m'en rendre compte, par besoin d'harmonie, de langage. Aujourd'hui je ne fais que les citer dans des livres qui portent mon nom, avec de légères différences, certaines variantes à une histoire du monde et l'ajout de quelques doutes.

Ces voix me placent en état d'alerte. Chaque fois le monde recommence et, dépouillé de son inquiétude, il me donne un sursis. Je vibre autrement. Je me greffe à mon désir, à ma souffrance. Je fais entrer l'âme voyageuse de mon père dans un livre. La vie cesse d'être une illusion.

Je voudrais faire durer le bonheur, si vulnérable fût-il, de cet instant-là.

Il arrive que le fantôme de mon père, forme parfaite dans laquelle mon désir se concentre en se précisant, se continue en moi pendant des jours. Alors les mots me viennent avec justesse, j'arrive à voir à travers eux, à comprendre leur affolement et mon attente, l'ampleur toute simple du malentendu.

Par moments, Martha suspend sa voix. En alternance, des fragments de son et d'émotion m'ouvrent un passage.

Quand elle reprend son souffle entre les deux mouvements de *Swallows* gravé dans le miroir ou entre les deux sens que propose ce mot: hirondelle / avaler, ça chuchote en moi. *Swallows:* un bruit diffus illuminé par l'effet miroir d'un faux palindrome, écho dans l'intervalle de silence.

Y aurait-il une autre langue derrière le miroir?

La voix de Martha, la mienne, puis la sienne à nouveau.

Soudain elle s'interrompt et, dans la mienne, une troisième s'installe qui donne libre cours au croisement des langues et au hasard: «lorsque l'enfant était enfant». Apparaît aussitôt un troisième lieu: Berlin, puis *Swallows*, un troisième sens: le saut de l'ange.

Mon corps curieusement allégé, les bras écartés comme des ailes et comme si le bleu alentour était forcément le ciel, voltige.

Les bulbes plantés dans le désert donneront des fleurs inusitées avec lesquelles il me faudra apprendre à vivre.

Par la connaissance, par les coïncidences fulgu-
rantes auxquelles elle donne lieu, on s'abandonne,
en plein vol, à la sincérité du hasard. On se replie
sur des signes bizarres, on feint l'assurance, on
feint la joie, là où se tracent la faille et le soupçon,
l'image coutumière du gouffre. L'espace est risqué:
on s'y débat avec son âme jour après jour jusqu'à
l'essouffler, jusqu'à l'enfouir petit à petit dans une
histoire sans fond. On ne sait rien, ni d'où l'on
vient ni où l'on va, on ne fait que pressentir l'infini des questions.

Quand le moment de la réponse exacte est passé,
ou plutôt le moment de son attente, on s'expose à
l'air libre, au premier hasard, comme s'il ne s'agissait plus d'une quête précise mais de légèreté
devant ce qui pourrait avoir lieu.

Puis, à nouveau, le bruissement des sens soulève la pensée, et la plongée, toutes ailes ouvertes, corrige le mouvement brusque du monde en le ralentissant. Le corps replié, distrait de son repli par les sauts de l'ange, adoucit sa poigne. Ce qu'il ressent alors ressemble à une exigence amoureuse. Un surcroît de réalité.

Il aura suffi qu'une intention expresse passe dans la langue ou que mon désir se resserre pour que je l'entende. Les mots de la fin, un rendez-vous: il faut voir et toucher la sphère ou le miroir, disait une voix, puis une autre,

pendant que Martha souriait.

Au-dessus de l'Irlande, du deuil de l'Irlande, Martha souriait. Rien ici d'une politesse de circonstance: plutôt une patience devant ce qui meurt en nous, un étonnement qui ne supporte ni la prudence ni la distraction. Nous nous sommes habitués à disparaître, mais nos paupières conservent jusqu'au matin certaines audaces de la lumière.

Tant de rumeurs peuvent envahir, au même instant, une seule voix, un seul mot: *enfance*. Chaque fois, au centre de la sphère, une concentration de plaisir, de douleur, et des cercles autour, s'éloignant, distrayant à tour de rôle la douleur, le plaisir. Ne reste enfin qu'une conscience amoureuse du vertige, de ses effets cinématographiques.

Je me souviens d'avoir vu sourire les anges dans la bibliothèque de Berlin, d'avoir pensé: les sourires ne sont jamais intègres, d'avoir imaginé — souri en imaginant — le mot *impureté* en lettres pourpres.

«Lorsque l'enfant était enfant», la pureté avait une âme.

Pendant que Martha continuait de sourire, juste au-dessus de l'Irlande, ma voix murmurait: je suis perdue. Elle ne supportait pas qu'un sourire, qu'un simple sourire, dénonce sa cachotterie.

Aujourd'hui ma main se tourne vers les noirs, les verts et les mauves des objets d'art, vers ce qu'ils portent en eux de trafiqué, de dangereux:

une espèce de beauté à la fois impure et désirable.

Au-delà de la forme parfaite, ma main: sa petitesse et sa fatigue.

L'histoire recouvre un abîme où les bruits du monde s'entrechoquent. L'espoir ne repose que dans le cliquetis, comme si du choc des sons devait jaillir l'étincelle.

Dans la voix de Martha, le parfum des velours et des cuirs, ce qu'il faut voir et toucher, ce qu'on appelle des œuvres, cette manière de resurgir qu'adopte parfois la vie malgré sa fragilité, cela fait jaillir l'étincelle et régénère l'histoire du monde.

L'air circule, bleu et presque trop léger, parmi les œuvres et les gestes ordinaires.

Après on se déplace naturellement, quelques centimètres au-dessus du sol, comme si la lumière était innée, comme si vivre était enfin palpable.

Voici des mots, des sons, des images et du mouve‑
ment qu'on a réinventés. Je choisis cette imper‑
fection, cette irréalité‑là, parce qu'elle révèle les
retouches de l'ébauche. Elle me rapproche de moi‑
même en me parlant d'autre chose.

Dans une galerie d'art, l'Irlande est et n'est plus
l'Irlande. Du même coup, Irlande singulière, plu‑
rielle. Une citation irrésistible de l'exil et du deuil
si parfaitement humains.

Dans la langue de Martha, *Island,* une île et une histoire, de multiples continents où vivre semble chaque jour un peu plus désespéré. Nous n'aurions pas de raison de chercher refuge ici puisque les rêves échappent souvent à la tendresse.

Island. Une petite âme errante, morcelée par «la logique aveugle du voyage».

Martha choisit l'art, la métamorphose, au détri-
ment de l'esquisse laissée à elle-même, car l'île
étrange qui se résorbe au loin, pourtant si émou-
vante et comme subtilement déplacée, nous con-
cerne si peu — à distance le malheur humain n'a
plus de contours; car l'insertion méticuleuse de la
peine dans la soie noire, le cuir, la pierre ou le bois
de pin des objets, a des accents au goût amer qui
marquent.

Un coffre est un coffre, un miroir est un miroir.
Mais au-delà du journal télévisé, que devient
l'Irlande?

Sur la sphère, minuscule à côté du coffre, la géo-
graphie propose autre chose que des pays étran-
gers.

L'Irlande est la voix de Martha, un coffre qui m'entraîne au large, une chute insensée, un livre d'histoires, des murmures d'anges, l'écho, Berlin, Homère, l'enfance, le frémissement et la survie sur une terre étrangère.

Je suis compromise.

Ce soir, l'Irlande s'expose à la fois comme un passé et un futur, un tressage de clartés et d'obscurités. Les continents vont les uns vers les autres. L'Irlande vient vers moi, m'attire dans sa fatigue et son désenchantement, me retient tout près d'une lueur que je n'attendais plus.

Ce soir ma main se meut à tâtons et rejoint les objets détournés; au milieu d'eux, elle acquiert de la souplesse, de la pesanteur aussi. Après elle s'affirme comme seule responsable de sa dispersion. L'innocence n'existe plus.

La fatigue des continents est concrète, elle va d'un corps à l'autre et s'envenime en passant. En réalité, aucune vision des choses, si obscure fût-elle, ne résiste à la plainte. On ne peut ni l'effacer ni la fuir. Une fois apprises, les langues étrangères ne s'oublient pas, elles s'imposent en nous avec leurs paysages, avec leur petite âme d'errantes, avec leurs images comme des yeux d'une clarté insoutenable. Elles nous remettent sans cesse en mouvement. Et soudain penser nous absorbe.

«... ideas come with their clothes on», comme les anges aux cheveux noués et aux longs manteaux dans le ciel au-dessus de Berlin, comme l'enfant brune effrayée par le bruit des sirènes, la nuit.

À cinq ans, je suis orpheline: le cœur ne résiste pas, vêtement de mémoire recouvrant mes gestes. Il lui faudrait une langue sans réconfort qui, parlant d'essoufflement autant que de passion, se souvienne à la fois de l'ordre ancien et des rages précieuses qui l'ont suivi.

Il aurait sans doute fallu qu'à ce moment-là le cœur fût enrobé à son tour.

Oh! le vertige. À cinq ans l'enfant brune envisageait la suite des jours: un déroulement de ferveurs sans queue ni tête ou une simple trahison. Il aurait fallu, pensait-elle, que la vie s'arrêtât pour tout le monde, un matin de mai, que la mort fût définitive.

Puis elle refit le même rêve chaque nuit.

Elle rêvait de marbre blanc pareil à celui des statues, d'un corps de femme qui ressemblerait à celui de sa mère et qui la recouvrirait pendant la nuit.

CETTE MAIN QUI ÉTREINT L'AUTRE

Quand il glisse dans la voix de ma mère, le bonheur est un objet précieux et liquide qui échappe à la main. Une larme tombe sur le plancher de grès, on n'a pu la retenir. Les événements se précipitent dans le désordre. Plus rien ne va de soi.

La nuit le temps voyage en accéléré. La photo de famille s'estompe; la forme s'éclipse dans la confusion des gris et des noirs. J'invente, à chaque nuit, un mauvais présage.

L'Irlande ne serait plus l'Irlande. L'histoire se poursuivrait dans une langue sombre, car une maison est une île à la dérive; car une île est un émiettement de l'espace, une parcelle de corps insoumis. Un bras inachevé.

Est-ce mon bras ou celui de ma mère qui étreint l'autre?

Aujourd'hui les nuits, les jours sont entachés. J'ai besoin de couvrir et j'ai besoin qu'on me recouvre. J'ai besoin de ce bras qui m'emporte je ne sais où, puisqu'il me permet de voir au-delà de ce qui se voit, au moment où mes yeux se posent, sans l'avoir recherché, sur un noir absolu.

Parfois les voix nouvelles ont ce pouvoir: elles éveillent le fol espoir de déchiffrer l'énigme des bras enlacés. Le corps à l'écoute se laisse prendre, on l'informe: les sons le heurtent et, du même coup, le séduisent. Le corps porte une blessure insensée, l'enfance, et la perpétue. Il rejoue son deuil à chaque silence, va et vient dans ce désert monumental. Le deuil n'appartient en propre à personne, cependant il est contagieux et menaçant parce que, là, on se souvient de tout.

En nous regardant mieux, je devine un corps enlacé qui enlace le mien, le plaisir et la douleur confondus des corps accrochés l'un à l'autre, la grisaille de l'ultime photo de famille, l'espoir enfin d'un déroulement imprévu.

Je dirais *bizarre*, par manque d'habitude, avec la certitude, acquise dans une autre langue, que l'espoir ne m'éloignerait pas de la vie. Dans mon petit monde, ni les livres, ni les tableaux, ni les confidences, ni les rêves, ni les chats ne sont accidentels. Au milieu de chaque désastre, je me retrouve avec un goût de ferveur.

En Irlande, dit Martha, le chat noir est un porte-bonheur.

Ma respiration se tient là, aux aguets, prête à saisir les révélations du hasard.

La main effleure l'objet puis le caresse; arrondie sur le cuir de la sphère, elle tourne. La main s'attarde sur son reflet dans le miroir, puis sur le ciel velours, sur les cheveux de soie noire et le petit cœur aux cheveux, sur le vert forêt du radeau ou du coffre, sur le laiton découpant l'acajou, sur le pin, le cuir ou le suède d'un rectangle apparemment immobile.

Oui, il fallait que la main voie et touche; il fallait que, soudain, le monde s'introduise dans la couleur, dans la texture, et qu'autour la lumière soit vraisemblable.

Oui, il fallait que la main se hisse jusqu'au désir de la sensation.

L'enfant aimait les rondeurs lisses des objets. Sa main les polissait et les repolissait, parce qu'elles avaient cette forme chaude dont son corps enlacé, agrippé à celui de sa mère, avait tant besoin pendant la nuit et qui se brisait au matin.

Du bout du monde, Martha murmure: «*Breach*: lien et faille». Sur les objets précieux, elle imagine des gestes à l'âme tourmentée battant le rythme des jours.

Voici le visage de l'enfant et le paysage futur, est-ce le deuil déjà?

La langue raconte une histoire qui recouvre la faille — cette rupture de la forme ronde et chaude au matin — et parfois la découvre, faisant obstacle à la calme réserve de l'espoir. Au-dessus de ses rêves d'éternité, l'enfant entrevoyait l'affliction à venir. Elle se surprenait alors, en position d'attente, hors du cercle lumineux, à observer les mots puisqu'ils étaient des images dont la fausseté disparaissait dans le noir. À ces moments-là, l'enfant murmurait la mort, comme s'il n'y avait rien de vrai, avant elle.

L'ombre ajourne le désir. On imagine une paupière mi-close derrière laquelle la mémoire se cache. Malgré le recul, elle se tient prête, surveillant le geste qui noue et dénoue les heures. Mais qu'elles durent, que le temps s'arrondisse!

Aujourd'hui je ne m'étonne plus du réflexe nostalgique de l'attente ni du malaise naturel de l'âme à répondre d'elle-même devant l'obscure clarté du monde.

La ferveur est lente à venir, et il arrive qu'un ancien deuil resurgissant, telle une ruse de l'âme, en interrompe le parcours; mais quand elle vient, elle ouvre grand le paysage. Les souvenirs prennent alors une autre figure.

L'ange aux ailes coupées s'intéresse à ce qui meurt parce que cela meurt justement. Au jour le jour, un peu plus de fatigue, une insouciance, et les matières vivantes se mettent à exister. L'ange oublie l'éternité; il passe du côté du souffle, de la fragilité.

Respirer: une douceur et une inquiétude. Ne pas se prendre au fil des événements. Sournoise, la vie y dissimule ses mirages, les troubles de la pudeur, de la tranquillité sans les hurlements de la vie. On s'accrocherait au moindre bruit pour que l'espoir devienne raisonnable.

Sous le soleil de mai, une musique oh! si légère se faufile dans le paysage. Le regard frémit, vivant à nouveau.

«La mère se tenait debout, douloureuse...»

D'abord mêlée aux voix de la soprano et de la contralto, Martha s'écarte en souriant, la musique l'enveloppe, puis le chant, «le son des autres». La blessure pointe là, près de l'oreille, avant de s'incliner doucement, de venir se loger dans la nuque où le bonheur s'attarde quand il passe, dernier vertige avant l'absence. Martha imagine la mère sur un quai, la main suspendue au-dessus du silence des grands départs. La main se rappelle les tissus enfouis, fragiles dans le coffre. Soudain la main coupée, douloureuse.

Au moment où les voix, pour la dernière fois amoureuses, se coupent les unes des autres, l'espace les sépare déjà. Partout il y a le son de leur plainte. Et derrière leur plainte, un vide sans bornes. Le désert à l'état pur. À chaque fois l'univers s'affole, on entend son écho insupportable. Je suis seule, disent les voix, avec ma peur. De vastes questions tournent en rond sous la peau: est-ce une désertion ou un voyage? est-ce un coffre, un gouffre ou un tombeau? est-ce toujours et uniquement l'Irlande? est-ce, encore une fois, cette extase mensongère qu'on appelle vivre?

La voix qui pleure ressemble à la mienne, si anonyme dans son tremblement qu'elle se casse. Voilée par le souvenir de beaucoup d'autres chants, elle disparaît derrière le ton juste de la soprano.

Les mères se tiennent debout, douloureuses, dans l'attente d'un sursis, ce libre bonheur de l'étreinte, qui retardera, évincera peut-être, le dernier mouvement. Quelqu'une dira: quand nous étions là, encore... Je reconnaîtrai, dans la voix de celle qui parle, la folle envie de s'en tenir à ce qui précède l'histoire.

Nous vieillirons entre nous, et nos rêves dureront, et la vie sera longue, et nous nous enlacerons nuit après nuit, et nous attendrons l'éternité nuit après nuit, et nous nous appuierons les uns sur les autres quand le sol sera mouvant, murmurent les mères. Tant que nous sommes là, ensemble, aucun événement ne découpe le monde en îles lointaines.

Les mères insistent et nous couvrent de projets, bien que nous n'ayons rien à leur offrir. Aucune réponse. Aucune douceur. Que l'empreinte des tissus légers dans la paume: une ancienne habitude qu'elles reconnaissent. Un aveu, une odeur de fruit ou de corps qui avait disparu, remonte à la surface. Alors les mères se taisent en se rapprochant de leur âme. Elles oublient de sourire pendant que la pluie tombe, avec toute la sincérité de la pluie.

J'inventerai des récits, dit Martha, pour les silences.

Martha insiste: à l'origine, il y a une histoire vraie. Des bribes d'enfance tournent et claquent au-dessus de nos têtes. Le destin fait du bruit, des fragments d'amour s'accrochent encore à quelque histoire de paysage. On se rappelle une respiration qu'on disait à jamais perdue, deux ou trois sourires aux contours précis, enfouis dans un coffre, et un ordre du monde ébréché par le premier deuil.

Je n'invente, dit Martha, ni l'abandon, ni le lien, ni la faille; je dresse un inventaire de tous les signes, y compris des déesses et des serpents, figures énigmatiques qui veillent sur les puits en Irlande; je n'en épargne aucun. Je les ajuste à mon désir, les prolonge jusqu'à cette oreille, puis jusqu'à cet œil, où ils séjourneront.

Est-ce une pensée pourpre ou des murmures d'anges?

Au creux de l'oreille, puis de l'œil, parmi la douleur et la passion, la magie s'instaure alors que l'apaisement n'est plus possible.

Voici que la terre tourne sans ciel autour; voici que la langue, ce qu'il y a de chant dans la langue, en ralentit la trajectoire. On a beau dire *poème*, on a la sensation soudaine que la lenteur organise le monde différemment. Bien que vivement éclairés dans leur lieu clos, les objets gardent leur réserve.

Je reste dans l'attente, sans bruits, sauf cette peur fidèle dans le champ du regard.

La scène se transforme dès que mon désir se précise: je tiens à la vie mais je repousse les gestes mécaniques et tranchants qui la marquent; je me trompe peut-être en avançant la main vers quelque sphère immobile, mais je l'avance; j'éprouve le plaisir de la rondeur et le plaisir du doute. L'émotion me surprend n'importe où. Je vibre enfin quand, sous la pression de ma paume, les formes deviennent étonnamment vivantes.

Dans l'histoire vraie, le ciel fuit sans conséquence.

Plus tard la sphère déposée devant moi, offerte au regard et au toucher, propose sa forme aux peines gigognes; plus tard encore le ciel n'est plus indispensable. Je reste seule, posant des gestes qui déportent la lumière. Auraient-ils oublié leur inclination naturelle au mensonge ou à la dispersion? Malgré leur aspect insolent, mes gestes gardent en retrait une intention de bonheur.

Seule parmi les objets, je m'intéresse à la couleur, à ce bleu intraduisible d'un ciel ou d'un peintre vénitien.

Il faut tant de silence pour épuiser l'image vertigineuse de cette main — était-ce la main ou le bras? — qui étreint l'autre. Qui de ma mère ou de moi résiste encore? Qui peuple nos souvenirs de singulières caresses, de mots longs comme des rubans qui nous retiennent, amoureuses captives? Qui s'effraie chaque fois que je me penche vers la langue, comme s'il s'agissait d'un puits, et que je cherche à en tirer la solution du mystère égaré au fond?

Étrange que l'histoire recommence sans cesse! Le geste, telle une sphère muette — parce que la langue aussi résiste — tombe à nouveau sous mes yeux, irrépressible.

Que faire de cette main ou de ce bras faussement déployé, lorsque la voix de Martha se fond dans celle de la soprano?

Le doute passe devant le miroir. Le chant monte en moi, avec ses propres images de l'étreinte et son tremblement. Est-ce la texture, la couleur ou la forme qui fait tressaillir? Dit-on d'un paysage pourpre qu'il est douloureux?

En somme l'alibi de la couleur déjoue le souvenir, le fait doucement glisser de la certitude des morts à l'ambiguïté des vivants.

Ma voix, au milieu d'autres voix, se tait. La couleur est une respiration. Nous avons en commun des mains et des bras qui se cramponnent à d'autres mains, d'autres bras, sur un radeau infini. Nos corps épris au centre du tableau luttent mal contre l'étreinte, bien qu'ils la condamnent. Parfois nous murmurons, pour nous-mêmes, un mot, un seul: *solitude*, comme un scandale.

Ce serait le matin. Nous aurions décidé qu'en dépit de l'encombrement des villes la lumière nous viendrait de ce côté-ci du monde.

Avant je traversais le monde sans savoir où j'allais, malgré le battement régulier des souvenirs qui scandait le temps au-dedans de moi, dans des lieux bien ordonnés.

Toujours, ma main cherchait à polir et à repolir les surfaces continues des objets. Il lui fallait une urgence qui la poussât vers autre chose, un détournement, une réticence ou seulement une distraction qui la mît en mouvement.

Après je restais assise pendant des heures à attendre que la douleur à la fois lourde et secrète de l'enfance se rompît au bout de mon bras.

Aujourd'hui la terre tourne sans ciel autour. Je ne cherche plus à savoir où je vais. Je marche à tâtons, l'âme au ralenti. Un matin, une étincelle soulève ma ferveur. Urgence ou nécessité? Quelques objets d'art aggravent le mouvement de ma vie et me proposent de frêles échappées de lumière. Je les laisse alors se répandre autour de moi, irradier de ce côté-ci du monde,

retardant ainsi l'arrivée des vérités toujours sûres, toujours irréprochables, qui encombrent les paysages.

ŒUVRES DE MARTHA TOWNSEND

Island, 1989, 46 × 90 × 61 cm
pin, cuir, suède
Collection de l'artiste
Photographie: Richard-Max Tremblay   Couverture

Breach, 1989, 18 × 41 × 48 cm
acajou, laiton, argent
Collection Claridge, Montréal
Photographie: Richard-Max Tremblay   p.13

Morning Sphere, 1988, 87 cm (diamètre)
cèdre, suède
Collection de l'artiste
Photographie: Richard-Max Tremblay   p.14

Pierre-érable, 1991, 8 × 14 × 9,5 cm
Collection Martineau-Walker, Montréal
Photographie: Richard-Max Tremblay   p.15

Trivet, 1992, 13 × 13 × 3 cm
ardoise, acier
Collection Ariane Schaffer
Photographie: Richard-Max Tremblay   p.16

Swallows, 1989 (détail), 125 × 284 cm
miroir, bois, soie
Collection de l'artiste
Photographie: Peter McCallum   p.17

Swallows, 1989 (détail), 28 × 31 × 12 cm
bois, soie
Collection de l'artiste
Photographie: Peter McCallum   p.18

CITATIONS

Martha Townsend (11, 35), René Payant (38), Peter Handke (43), Marguerite Duras (64), Meret Oppenheim (68), Martha Townsend (77), Hugues Corriveau (81).

Cet ouvrage, dont la conception graphique est de Claude Prud-Homme, a été composé en caractères Goudy Old Style corps 12 par les Ateliers C.M. et achevé d'imprimer par les Ateliers Graphiques Marc Veilleux Inc. le onzième jour du mois de novembre mil neuf cent quatre-vingt-douze pour le compte des Éditions du Noroît au Québec et L'arbre à paroles en Belgique. L'édition originale comprend 1000 exemplaires dont cinquante numérotés et signés par l'auteure et l'artiste.